DISCOURS

PRONONCÉ AU

CARMEL DE COMPIÈGNE

le 10 Décembre 1891

PAR M. L'ABBÉ LAGNEAU

archiprêtre de Noyon

A L'OCCASION DE LA PRISE D'HABIT

DE

Mademoiselle Suzanne GUFFROY

en religion

SŒUR BLANCHE DE JÉSUS

PARIS
IMPRIMERIE M. MAUGERET, 123, RUE MONTMARTRE

1892

DISCOURS

PRONONCÉ AU

CARMEL DE COMPIÈGNE

le 10 Décembre 1891

PAR M. L'ABBÉ LAGNEAU

archiprêtre de Noyon

A L'OCCASION DE LA PRISE D'HABIT

DE

Mademoiselle Suzanne GUFFROY

en religion

SOEUR BLANCHE DE JÉSUS

PARIS
IMPRIMERIE M. MAUGERET, 123, RUE MONTMARTRE

1892

Misericordias Domini in æternum cantabo.
Je chanterai éternellement les miséricordes du Seigneur.
(Psaume LXXXVIII, verset 1.)

'IL y a un plan général que la Providence applique ici-bas à tous les hommes; si, comme nous l'enseignent nos Saints Livres, nous sommes tenus de procurer la gloire de Dieu par notre libre et filiale soumission et de mériter ainsi d'être associés dans le Ciel au bonheur même de Dieu, ce plan général comporte, pour chaque âme des destinées particulières. Il y a en effet dans la manière d'atteindre la fin commune et de réaliser la volonté de Dieu, des conditions aussi variées que le sont les individus. C'est ce qui constitue la vocation spéciale de chaque âme Ces desseins particuliers qu'il a sur chacun de nous, Dieu, d'ordinaire, ne nous les révèle pas dans leur ensemble, dès le début de la vie Il ne nous les fait connaître que d'une manière fragmentée et progressive. Par les situations diverses où il nous place, par les aptitudes qu'il nous donne, par les sollicitations intérieures de sa grâce, il nous manifeste peu à peu le chemin qu'il faut suivre. Si l'âme, comme c'est son premier et son plus urgent devoir, cor-

respond fidèlement à l'appel de Dieu, la pensée divine s'éclaire graduellement à ses regards. L'âme comprend où Dieu la mène et où il l'attend.

Et alors même que le terme entrevu est élevé, la route escarpée et rude, l'âme se sent envahie par une paix et une joie délicieuse, qui viennent de la certitude absolue où elle est de faire la volonté de Dieu; et elle redit dans l'allégresse et la reconnaissance les miséricordes du Seigneur : « *Misericordias Domini in æternum cantabo.* »

N'êtes-vous pas, Ma Fille, la preuve vivante de la vérité de cette doctrine? Quand votre pensée se reporte vers les premières années de votre enfance, vous reconnaissez maintenant, dans la pleine lumière de ce grand jour, comment, à votre insu, Dieu vous préparait au sacrifice que vous allez accomplir. N'était-ce pas une grâce de choix, cette éducation si élevée et si chrétienne que vous avez reçue dans une maison à laquelle vous êtes toujours et si justement demeurée attachée? N'était-ce pas une faveur précieuse entre toutes, cette formation si délicate et si forte, que vous avez trouvée au foyer domestique, près de votre honorable père et de votre mère, dont je ne prononce le nom qu'avec émotion, car je sais, mon Enfant, de quelle tendre et filiale vénération vous entourez cette chère mémoire. La mort de votre mère fut un coup de foudre dans votre vie. Quelle influence cet événement ne devait-il pas avoir!

constance semblable. « Monseigneur, disait-il, ce papier devrait être trempé de plus de larmes que de lettres, puisque ma fille, en laquelle j'avais mis la meilleure partie de ma consolation ici-bas, ma fille me quitte. . Mais je me conforme à ce qui plaît à Dieu et je veux montrer que j'aime mieux son consentement, avec le repos de ma conscience, que mes propres affections. » Près de vous, mon Enfant, je vois vos sœurs tant aimées et si dignes de l'être, qui trouvent dans leur foi de chrétiennes la force de faire à Dieu le plus douloureux des sacrifices. Je vois les membres de votre famille, vos anciennes compagnes du Pensionnat et toutes ces personnes de Noyon, qui sont venues pour vous former un sympathique cortège et s'associer aux émotions de ce grand jour.

* *

Trop souvent, Mes Frères, il est bien peu compris, l'acte que va accomplir cette jeune fille. On rencontre même des chrétiens qui blâment une telle détermination. Il n'y aurait peut-être pas lieu de s'émouvoir de ces contradictions, si, au fond, ce n'était l'amour de Dieu qui est méconnu. Vous me pardonnerez, Mes Frères, si devant vous, qui êtes si dignes d'entendre un tel langage, j'essaye de venger l'amour de Dieu des accusations auxquelles il est en butte, au sujet du Carmel.

* *

Le Monde, tout d'abord, Mes Frères, ne veut pas admettre qu'une jeune fille se fasse religieuse. Tous les jours, un père, une mère mettent la main de leur fille dans la main d'un étranger, presque un inconnu, qui va peut-être emmener bien loin sa jeune épouse. Quelles inquiétudes, quelles craintes ne devrait-on pas éprouver ! Mais non, cela est tout naturel et le monde n'a que des félicitations et des sourires. Et quand une jeune fille revendique l'honneur de fiancer au Christ sa jeunesse, gardée pure par son amour, le Monde proteste et parfois des chrétiens s'étonnent.

Cependant, Mes Frères, si vous croyez en Dieu ; si pour vous, Notre Seigneur Jésus-Christ est une réalité vivante et sainte et divine, ne comprenez-vous pas qu'il a le droit d'être aimé ; qu'il le mérite infiniment ; que ses adorables perfections lui gagneront toujours les âmes délicates et généreuses, et qu'il y aura des cœurs qui pousseront l'amour jusqu'à la donation totale ? Vous me dites : « Mais ces enfants qui se consacrent à Dieu, nous les perdons. » Mes Frères, ne sont-elles pas à Dieu avant de vous appartenir ? Quand Notre Seigneur veut bien appeler une jeune fille à devenir son épouse, n'est-ce pas le plus grand honneur qu'il puisse faire à une créature ? Et n'est-ce pas pour des parents la meilleure sécurité que de confier leur enfant à l'amour du Sauveur ?

Quoi ! Mes Frères, que demain la Patrie vous demande vos fils, pour défendre l'honneur du drapeau ou l'indépendance du territoire national, vous, pères, vous, mères, embrassant votre enfant, qui marche peut-être à la mort, vous lui direz en retenant vos larmes : « Va, mon enfant, fais ton devoir. » Ou bien, Mesdames, si dans l'exaltation de votre tendresse maternelle, enlaçant de vos bras cet enfant trop aimé, vous refusiez de le laisser partir, ce serait lui qui, grave et triste, s'arracherait à votre étreinte. Et quand vous vous coucheriez sur le seuil pour l'arrêter, frémissant mais résolu, il passerait, car il sent que ce serait être infâme que de trahir son pays. Et tous vous n'auriez qu'une voix pour louer ce jeune homme et vous battriez des mains à ce trait d'héroïsme. O Patrie ! je ne suis pas jaloux qu'on t'aime de la sorte, car tu peux tout nous demander et tu es digne de tous les sacrifices. Mais je m'attriste à la pensée que l'on refuse à mon Dieu le droit de susciter dans les cœurs de pareilles amours et de tels dévouements, et qu'après avoir admiré qu'un jeune homme meure pour son pays, on ne sache pas admettre qu'une jeune fille puisse se consacrer à Dieu !

Du moins, dit le monde, quand une jeune fille embrasse la vie religieuse, si c'était pour se consacrer au soulagement des misères humaines ou à l'éducation de la jeunesse, on le comprendrait. Oui, Mes Frères, le monde le comprendrait, et je vais vous dire pourquoi. C'est que son égoïsme s'accommode volontiers d'un dévouement qui lui profite. Que l'on aime Dieu, il le veut bien, pourvu que ce soit pour s'occuper plus complètement des intérêts et des besoins du prochain. Il ne voit dans l'amour de Dieu que le côté utilitaire, et c'est cela seul qu'il apprécie.

Certes, Mes Frères, nul plus que moi n'admire les Communautés vouées aux œuvres de charité et de zèle extérieurs. Renoncer aux joies de la maternité pour étendre aux enfants des autres une tendresse de cœur qui se dilate sans s'appauvrir et se renouvelle sans s'épuiser jamais; former de jeunes âmes à la connaissance de la vérité, à l'amour de Dieu, au culte passionné de la vertu; devenir la mère de générations de jeunes filles qui devront à l'éducation reçue le meilleur de ce qu'elles seront : n'est-ce pas une grande et belle mission? De même encore, quand on a vingt ans, venir s'enfermer volontairement dans une salle d'hôpital, respirer cette atmosphère viciée, qui va bientôt flétrir la fraîcheur de la jeunesse et miner sourdement la santé la plus robuste; vivre au contact attristant de la souffrance, pour s'efforcer de l'adoucir et de la consoler; faire luire le sourire de la bonté de Dieu sur les déshérités de ce monde; être cause que les yeux des moribonds se fermeront dans les clartés de la foi, leurs lèvres dans les invocations de l'espérance : oui, cela est digne de tous les respects et de toutes les sympathies de la terre.

Mais, Mes Frères, Dieu, qui inspire de tels dévouements, n'est-il pas digne d'être aimé pour lui-même ? Comment des âmes n'auraient-elles pas la sainte ambition de se consacrer exclusivement à lui, de s'appliquer à le mieux connaître par une méditation prolongée, de recueillir dans le silence du cœur pour les suivre fidèlement les inspirations de sa grâce, de ne vouloir d'autre étude et d'autre occupation que de se pénétrer des désirs et des sentiments de son cœur, de consoler les tristesses de son amour, de s'immoler en un constant et joyeux holocauste à sa volonté sainte, de faire monter jour et nuit vers sa Majesté l'hommage d'une prière filiale qui couvre de ses accents suppliants les insultes de la haine et les blasphèmes de l'impiété ?

Vous ne comprenez pas que pour vivre dans cette intimité avec Notre Seigneur on se réfugie derrière les grilles du cloître? Mais vous ne connaissez donc pas le cœur humain? N'est-ce pas le besoin de l'amour de s'isoler dans la possession de son trésor? Ne voyez-vous pas tous les jours de jeunes mariés, sitôt leurs serments échangés, s'enfuir loin de tout regard importun, pour cacher dans un tête-à-tête délicieux leur mutuel bonheur et leur affection partagée ? Et si cette intimité ombrageuse ne se prolonge pas, c'est que la nature humaine, forcément bornée et imparfaite, donne vite prise à la désillusion. Mais Dieu, Mes Frères, Dieu, la Beauté, la Bonté et la Sainteté infinies, ne saura-t-il pas garder dans une admiration et un enthousiasme croissants les cœurs qui s'attachent à lui ? Ah ! je voudrais, Mes Sœurs, que vous pussiez ici exprimer tout haut la reconnaissance et l'amour dont sont pénétrées vos âmes pour le divin Epoux, que vous servez depuis votre jeunesse.

Du reste, la parole du Sauveur a tranché, de son autorité infaillible, la question de la légitimité et de la dignité de la vie contemplative. Dans la petite maison de Béthanie, qui m'apparait comme une image du monde, et au foyer de laquelle Jésus allait parfois s'asseoir pour nous instruire, tandis que Marthe se dépensait, active, dans les préparatifs du repas, Marie-Madeleine, agenouillée aux pieds du Sauveur, recueillait en extase les paroles de vie, qui s'échappaient de ses lèvres. Marthe prit ombrage de n'être point aidée — n'est-ce point toujours ainsi ? — et se plaignit à Notre Seigneur. Mais Jésus répondit : « Marie a choisi la meilleure part ; elle ne lui sera pas enlevée. »

Non, Mes Frères, elle ne lui sera pas enlevée. Car dans le cours des âges, je vois des âmes se relayer incessamment aux pieds du Sauveur, pour y continuer la mission de Marie-Madeleine. Partout et toujours je vois à côté des mains qui se tendent vers les misères humaines, des bras qui se lèvent vers le Ciel pour le prier. Aux premiers siècles du Christianisme, les âmes contemplatives se réfufugiaient au désert avec saint Jérôme, et alors se réalisait la parole de nos Saints Livres: « La solitude fleurira et elle embaumera le monde. » Plus tard, les couvents, fondés par saint Benoît, saint Bruno et sainte Claire, étaient trop étroits pour contenir les âmes éprises de silence et de perfection, qui y affluaient. Enfin, au XVIᵉ siècle, sainte Thérèse rétrécit les grilles du Carmel. Ah! ces grilles, Mes Frères, on a voulu les renverser. Les parlements s'y sont essayés, la Révolution y a réussi. Et cependant regardez : elles sont encore debout. C'est que les hommes peuvent briser du fer; mais ils ne peuvent éteindre dans les âmes l'amour de Dieu. Et les grilles du cloître, c'est le cœur qui les forge au feu de sa tendresse !

**

Impuissant à comprendre le mobile surnaturel de l'amour divin, qui pousse les âmes vers le cloître, le monde ne trouve d'autres raisons d'une telle résolution que des motifs tout humains et absolument erronés.

Le plus souvent il crie au fanatisme. Il attribue la démarche d'une jeune fille qui embrasse la vie religieuse à l'exaltation d'un esprit mal équilibré, qui pense que le mariage est un crime et qu'on ne peut faire son salut dans le monde. Rien de plus faux, Mes Frères, qu'une pareille supposition. Les âmes qui se consacrent à Dieu, ont connu dans leur jeunesse les joies du foyer domestique et ces joies leur furent douces. Et peut-être qu'à une heure donnée, leurs regards ont entrevu, dans une séduisante perspective, le tableau charmant d'un intérieur de famille gardé par une pure et forte affection et animé du bruit joyeux de petits enfants. Et si leurs yeux se sont détournés, c'est qu'à leur insu et comme malgré elles, un plus haut idéal remplissait leur cœur. Le bonheur humain leur paraissait un cadre trop étroit où Dieu tenait trop peu de place. Devant la blanche parure des fiancées de la terre, elles songeaient involontairement à la couronne immarcescible qui brille au front des vierges. Elles sentaient qu'il y a dans le mariage certains sacrifices auxquels elles ne pourraient jamais se résigner. Ce n'était pas là un sentiment passager, l'illusion généreuse d'une heure de ferveur. Non, c'était une conviction sérieuse et profonde, c'était en quelque sorte le cri de leur nature. Et désormais, tranquilles, heureuses, parce qu'elles se sentaient sûres de leur vocation, elles sont venues frapper à la porte du cloître.

*
* *

Là où il ne voit pas de fanatisme, le monde affecte de croire que les âmes qui se donnent à Dieu, sont des cœurs brisés, meurtris par les déceptions de la vie ou les trahisons de l'affection et qui, trompés par les bonheurs de la terre, viennent chercher la paix et l'oubli que versent sur les mélancolies humaines le silence et le recueillement du pénitences apaisent la colère de Dieu et détournent les châtiments de sa justice. Et si de nos jours, les cloîtres sont plus peuplés que jamais, c'est que l'iniquité se multiplie de toutes parts, c'est que l'amour de Dieu s'éteint dans les cœurs et qu'il faut faire de nouvelles violences à la miséricorde divine pour obtenir notre pardon et retenir la foudre prête à éclater. Remercions Dieu, Mes Frères, de ce que la réparation est toujours à la hauteur de nos crimes et inclinons-nous avec respect devant ces Vierges héroïques, qui ne sont pas des inutiles, car ce sont elles qui conservent et sauvent le monde.

* *

Mes Frères, j'ai essayé de défendre devant vous l'amour de Dieu et le Carmel des accusations que l'ignorance et la légèreté s'en vont répétant. S'il m'était permis, en terminant, de résumer dans un mot l'enseignement de cette fête et le souvenir que vous en emporterez, je vous dirais : Mes Frères, prenons tous pour devise ces paroles : « Dieu avant tout ! »

Oui, *Dieu avant tout*, Mes Frères, car il est notre Père, notre Maître, notre Sauveur, et il sera notre Juge.

Dieu avant tout, Ma Fille, dans votre vie de sainte religieuse, ne tolérez jamais que rien vous soit un obstacle à aimer Dieu et à tendre vers la perfection.

Dieu avant tout, parents chrétiens. Que cette parole

soit sur vos lèvres, quand la tristesse viendrait assombrir votre cœur au souvenir de celle qui ne sera plus là. Souvenez-vous qu'une Carmélite dans une famille, c'est pour tous les membres qui la composent une source de grâces et de bénédictions célestes.

Dieu avant tout, Mes Frères, quels que soient votre âge et votre situation. Car Dieu c'est le devoir, c'est la vertu, c'est la grandeur et la dignité de la vie. Du jour où par faiblesse, par passion, vous feriez passer avant Dieu un intérêt quelconque ou un caprice, vous signeriez votre déchéance : c'est la cause du bien que vous trahiriez en vous. Quand une âme, au contraire, fût-ce la plus humble, a le courage de faire de cette devise la règle de sa vie, rappelez-vous, Mes Frères, le nom de cette personne, vous la trouverez un jour plus haut que vous dans la sainteté.

Dieu avant tout, Mes Frères, car il faut sauver notre âme et gagner le Ciel.

Oh ! le Ciel, ne sentez-vous pas comme la foi en est vive à pareil jour ? Oui, il y a un Ciel, je le crois, j'en suis sûr : de telles vertus, de tels sacrifices, un tel amour exigent, réclament une telle récompense. Je vois ici-bas des cœurs qui se donnent : j'attends la réponse de Dieu. Le Ciel, Mes Frères, ce sera la réponse de Dieu, qui se donnera pour l'éternité !

Ainsi soit-il.

www.ingramcontent.com/pod-product-compliance
Lightning Source LLC
Chambersburg PA
CBHW060919050426
42453CB00010B/1823